1 MONTH OF
FREE
READING

at
www.ForgottenBooks.com

By purchasing this book you are eligible for one month membership to ForgottenBooks.com, giving you unlimited access to our entire collection of over 1,000,000 titles via our web site and mobile apps.

To claim your free month visit:

www.forgottenbooks.com/free595678

ISBN 978-0-666-74853-9
PIBN 10595678

PLATO

EIN

POPULÄR-WISSENSCHAFTLICHER VORTRAG

VON

A. RIEHL

ZWEITE DURCHGESEHENE AUFLAGE

HALLE a. S.

VERLAG VON MAX NIEMEYER

1912

PLATO

EIN

POPULÄR-WISSENSCHAFTLICHER VORTRAG

VON

A. RIEHL

ZWEITE DURCHGESEHENE AUFLAGE

HALLE A.S.

VERLAG VON MAX NIEMEYER

1912

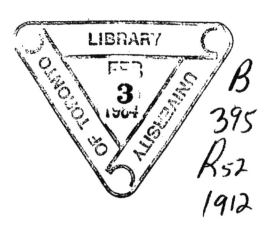

Der kennt nicht das ganze Wesen der Philosophie, wer nur von ihren wissenschaftlichen Bestrebungen weifs, — ihrem Verhältnis zur Forschung in Natur und Geschichte. Wohl hat sich auch der wissenschaftliche Wert der Philosophie, wie oft er auch von den Spezialisten, den Vertretern der besonderen Disziplinen bezweifelt oder verneint wurde, immer wieder Geltung verschafft; allein ihre Bedeutung ist damit nicht erschöpft, ihr weiterer und andersartiger Beruf nicht gekennzeichnet. Wiederholt in ihrer Geschichte ist die Philosophie als geistige Macht im Leben der Menschheit hervorgetreten, im Bunde zwar mit dem Wissen ihrer Zeit, aber doch darüber hinaus Aufgaben der allgemeinen Kultur ergreifend. Wiederholt ist sie als Mitschöpferin der Kultur hervorgetreten. Solche Wendungen in ihrer Entwicklung, die ihrer Natur nach nur selten sein konnten, wie alles Vorzügliche, gingen jedesmal von einer grofsen, schöpferischen Persönlichkeit aus, einem führenden Geiste und die so geschaffene Philosophie ist selbst Geistesführung.

Von einem Philosophen dieser Art, den kein späterer an Einfluſs übertroffen hat, und seinem Werke: — von Plato und dem Platonismus versuche ich vor Ihnen ein Bild zu gestalten.

Eine sinnige Legende weiſs zu erzählen: Sokrates sah eines Nachts im Traume einen Schwan, den Vogel Apollos, noch unflügge sich ihm nahen, der von ihm berührt rasch beflügelt ward und mit lieblichem Gesange sich in die Luft erhob. Tags darauf sei Plato zu ihm getreten, um sich seinen Jüngern anzuschliefsen, — da erkannte Sokrates die Deutung seines Traumgesichtes. Auch uns noch erscheint diese Begegnung mit ihren Folgen wie eine Fügung des Schicksals. Ohne sie müfsten wir uns den Gang der geistigen Geschichte geändert denken; ohne sie hätten wir vielleicht einen grofsen Dichter des Altertums mehr, die einzigartige Schöpfung aber, die wir Platonismus nennen, und die noch in der Gegenwart fortlebt, in uns lebt, auch wenn wir es nicht wissen, wäre unterblieben.

Plato war, als er Jünger des Sokrates wurde, 20 Jahre alt. Seine Geburt fällt in die erste Zeit des peloponnesischen Krieges, nur einige Monate nach dem Tode des gröfsten athenischen Staatsmannes aufser Solon, in den Mai des Jahres 428. Sein Geburtsort ist wahrscheinlich Aegina, wo sein Vater ein Gut besafs, nicht Athen: sein ursprünglicher Name war der des Grofsvaters: Aristokles. Den Namen Plato, unter dem die Welt ihn kennt, soll ihm erst sein Turnlehrer gegeben haben, mit Anspielung auf die breite Brust und die ganze kraftvolle körperliche Erscheinung des Jünglings.

Von väterlicher wie mütterlicher Seite ist Plato Ab-kömmling eines der vornehmsten Adelshäuser Athens. Sein Vater Ariston konnte sein Geschlecht auf Kodros, den letzten König der Athener, zurückführen, die Mutter Periktione ihren Stamm von Solon herleiten. Ein Vetter der Mutter war Kritias, später unter den Dreifsig der erste Gewalt-haber, in seiner Jugend Gefährte des Sokrates, ein Mann auch von litterarischem Rufe; sein mütterlicher Oheim Charmides ist in den nämlichen Kämpfen der Faktionen umgekommen, in denen auch Kritias getötet wurde. Von ihm hat Plato ein Jugendbild gezeichnet voll Reiz und Anmut.

Solcher Adel verpflichtet. Aus solchem Hause entsprossen, in welchem Schönheit und Tüchtigkeit erblich waren, erschien es Plato billig, in Allem der Erste zu werden.

Plato genofs den üblichen Unterricht der Söhne athenischer Bürger; die Namen seiner Lehrer in Musik und Gymnastik sind uns überliefert. Körperlich bildete er sich zur Kraft und Gewandtheit eines Ringkämpfers aus, daher die Sage, er habe in Olympia gesiegt. Von der höheren geistigen Bildung aber, die man als die sophistische bezeichnete, hatte er sich schon manches angeeignet, ehe er mit Sokrates umging, so die Lehre des Heraklit in der extremen Gestalt, die Kratylos ihr gegeben hat. Auch beschäftigte er sich mit Malerei und verfafste dichterische Werke. Alle diese frühen Neigungen stellte er nachmals in den Dienst seiner Philosophie; sie bilden einen Einschlag in dieser. Seine intime Jugendgeschichte, den Kampf gegen eine starke, glühende Sinnlichkeit, Niederlage und Sieg verraten dem psychologischen Leser einige Stellen im „Phädros".

Wer ihn dem Sokrates zuführte, ist unschwer zu erraten: Charmides, der selbst erst kurz zuvor von Sokrates unterwiesen worden war, vielleicht auch Kritias. Sie dachten ohne Zweifel an eine politische Schulung des jungen, glänzend begabten Verwandten, wie sie solche selbst dem Verkehr mit dem gröfsten Pädagogen verdankten. Für Plato aber bedeutete der Umgang mit Sokrates unendlich mehr. Jetzt wird der feurige künstlerische Geist in die strenge Zucht einer Dialektik genommen, die nichts Halbverstandenes durchliefs, jetzt seine Seele zu der hellsten Selbsterkenntnis angeleitet, dem Anfang aller menschlichen Weisheit. Vor

der Besonnenheit des Lehrers, für welchen begriffliches Erkennen und vollendete Tätigkeit eines und dasselbe be-
deuteten, fand auch der dichterische „Wahnsinn" so wenig
Gnade, wie alles unbewuſste Schaffen sonst. Plato ver-
brannte seine poetischen Versuche. In der Folge hat er
freilich im Gegensatz zu Sokrates die schöne Manie des
Dichters ganz anders und richtiger eingeschätzt. „So einer
ohne diesen Wahnsinn der Musen vor die Tore der Dicht-
kunst käme und meinte, er sei durch sein Talent ein
Dichter geworden, der ist nicht echt und nicht erwählt
und sein besonnenes Dichten vergeht vor der Kunst des
Wahnsinnigen."

Als 404 die Optimaten ans Ruder kamen, darunter seine
mütterlichen Verwandten, dachte Plato ernstlich an Teilnahme an den Staatsgeschäften. Allein das Auftreten der
neuen Herrscher gegen Sokrates (sie wollten diesen durch
einen ungerechten Befehl zum Mitschuldigen machen) brachte
ihn noch im rechten Augenblick von seinem Vorhaben zurück.
— Von Hause aus, durch Abstammung wie natürliche Be-
gabung, war Plato zu einer leitenden politischen Tätigkeit
berufen. In ihm steckte eine königliche Natur, ein Gesetz-
geber und Regent. So war er also gesonnen mit erreichter
Selbständigkeit, sich zur Teilnahme an den öffentlichen
Angelegenheiten anzuschicken. Daſs er niemals wirklich
dazu gelangte, trotz groſsen Eifers, ja Leidenschaft dafür,
bringt einen Zug des Tragischen in sein, sonst gleich einem
Kunstwerk geschlossenes, harmonisches Leben. Seinem ganzen
Wesen widerstrebte es, bloſse Worte machen zu müssen,
statt die Hand an eine Tat zu legen, und über den Staat
zu schreiben, statt ihn einzurichten. Er fand sein Volk
bereits im Verfalle und erkannte, zu spät für sein Vater-
land geboren zu sein. Je mehr er auf Sitten und Gesetze

sein Augenmerk richtete und je weiter er in den Jahren vorrückte, um so schwieriger erschien ihm die Leitung der Staatsgeschäfte, um so hoffnungsloser, noch etwas auszurichten; und wir dürfen es dem Verfasser des 7. Briefes (an die Freunde des Dion), sei es nun Plato selbst, oder ein ihm Vertrauter, aufs Wort glauben, daſs er darüber in eine verzweifelte Stimmung geriet. Zwar **gab** er es nicht auf, über die rechte Staatsverfassung nachzusinnen, seine beiden Hauptwerke handeln vom Staate, auch harrte er beständig auf günstigere Umstände für die Verwirklichung seiner Entwürfe. Endlich aber muſste er sich sagen, daſs die bestehenden Verfassungen insgesamt schlecht verwaltet werden, und er sah nur noch einen Weg, die menschliche Gattung aus ihrer Bedrängnis herauszuführen: wenn entweder die Genossenschaft der echten und wahren Weisen zur Herrschaft im Staate gelange, oder der Machthaber im Staate durch eine göttliche Fügung wirklich der Weisheit sich befleiſsige, — wenn entweder die Philosophen Könige, oder die Könige Philosophen werden. Daſs alle seine Versuche, seine politiſchen Gedanken in Taten zu übersetzen, scheiterten, — dies ist, ich wiederhole es, die Tragik seines Lebens.

Der Prozeſs, die Verurteilung und Hinrichtung des Sokrates, „des gerechtesten der damals lebenden Menschen", der ihm aus einem Lehrer ein Freund geworden war, dies weltgeschichtliche Ereignis brachte in die innere Entwicklung Platos die entscheidende Wendung. Unter dem mächtigen und nachhaltenden Eindruck, den er davon empfing, verwandelte sich seine Gedankenwelt. Ihm selbst und uns durch ihn hat erst der Tod des Sokrates den Sinn der Lehre des Sokrates erschlossen. Der schlichte Akt dieses Sterbens in **all** seiner Erhabenheit, dieser **wie** selbstverständliche Sieg der geistigen Helligkeit und Freiheit über die Instinkte des Lebens, machte ihm offenbar, was das „Wissen" des Sokrates in Wahrheit bedeuten sollte. Von diesem Augenblicke an richtete sich sein Denken auf das Übersinnliche. Sein Dualismus: die Scheidung und Entgegensetzung der Welt geistiger Werte und Wesenheiten und der Welt der sinnlichen Erscheinungen nahm von daher den Anfang.

Bei dem Prozesse gegen Sokrates hat sich Plato mit Anderen für eine Geldstrafe verbürgt; zur Zeit des Todes des Sokrates soll er krank gewesen sein. Wir dürfen dies glauben und muten ihm keine Weichherzigkeit zu, wenn wir die Ursache der Erkrankung in der starken Erschütterung seines Gemütes suchen. Bei Augenzeugen aber hat er sich nach jedem Umstand, jedem kleinsten Zug aus den letzten Stunden des Meisters erkundigt, und nie kann das Bild des sterbenden Weisen, das er im Phädon gezeichnet hat, verbleichen.

Nach Sokrates' Tode hielt sich Plato kurze Zeit in Megara auf, bei seinem Mitschüler Euklides. Nach Athen zurückgekehrt, wo er die nächsten Jahre verbrachte, ging er an die Ausarbeitung der Apologie und der kleineren, „sokratischen" Gespräche. — Nicht, was Sokrates zu den Richtern redete, in genauer Wiedergabe der Worte; wie er redete, den Gehalt seiner Reden hat Plato in der Apologie für alle Zeiten festgehalten; die Wahrheit, die er erreichte, ist die Wahrheit eines künstlerischen Porträts, echter und getreuer als es jede augenblickliche Wirklichkeit sein kann. Der Einfluß des kleinen Buches, eines der männlichsten Bücher der Weltlitteratur wurde es genannt, ist unbegrenzt. Aus den Gesprächen jener Zeit hat man jüngst einen Gegensatz zu Sokrates herausgelesen: Plato soll darin als

Gegner spezifisch sokratischer Lehren aufgetreten sein. Die Beobachtung an sich ist nicht unrichtig, ihre Deutung aber falsch. Jene Gespräche, deren Reiz es bildet, dafs sie nicht Lehrsätze gewinnen wollen, sondern in das Leben der Philosophie selbst einführen, in die Gemeinschaft des Philosophierens, gleichen einer geistigen Entdeckungsfahrt, sie geben Zeugnis von der inneren Umwandlung Platos, von der Gährung, in die sein Gemüt durch den Tod des Sokrates versetzt worden war. Plato ist auf dem Wege zu seinem Ziele, und namentlich im Gorgias läfst sich überall schon der Geist seiner späteren Philosophie verspüren, wenn auch deren Form noch nicht feststeht.

Nach diesen ersten schriftstellerischen Kundgebungen beginnen die „Wanderjahre". Plato begibt sich auf Reisen. Es gab in Athen für ihn keine Gelegenheit zu wirken, auch wollte er Menschen und ihre Institutionen kennen lernen.

Er sucht zunächst Aegypten auf. In Heliopolis, dem Sitz des ägyptischen Sonnendienstes, einer stillen Studienstadt, wo Priesterkollegien lehrten, nahm er längeren Aufenthalt. Noch zu Beginn unserer Zeitrechnung glaubte man die Gemächer, die er bewohnte, dem Geographen Strabo zeigen zu können. Die alte geschlossene Kultur des Landes mit der starren Kastenordnung und einer bis ins einzelnste gehenden Berufsteilung machte auf Plato gewaltigen Eindruck; tiefe Spuren davon sind noch in seiner letzten Schrift zu bemerken. Plato trieb in Aegypten mathematische Studien und liefs sich gewifs auch von den Priestern in ihre religiösen Geheimlehren einweihen.

Es folgte, nach einem abermaligen Aufenthalte in Athen, die Reise nach Unteritalien, zu den Sitzen der Pythagoreer. Ein Mitglied des Bundes, Archytas, herrschte in Tarent als gesetzliches Oberhaupt der Stadt: ein Mann des Wissens und ein Staatsmann zugleich, ein Mann also ganz nach dem Sinne Platos; mit ihm hat sich Plato bald befreundet. Auch mit dem Gedankenkreise der Pythagoreer kam er in enge, dauernde Berührung; er nahm die pythagoreische Naturphilosophie an, wie sie Philolaos und Timäos von Lokri ausgebildet hatten, und bestärkte sich in dem orphischen Glauben an die Unsterblichkeit der Seele.

Von Unteritalien aus besuchte Plato zum ersten Male Sizilien. Sein Ziel war Syrakus, damals eine Weltstadt, die Hauptstadt der letzten hellenischen Großmacht. Hier herrschte Dionysios der Ältere, der „Tyrann", ohne Frage eine bedeutende Herrscherpersönlichkeit, nicht von Natur grausam, sondern nur wo die Politik es ihm zu gebieten schien. Den Gewalthaber selbst zur Philosophie zu bekehren, mußte Plato aufgeben. Dafür gewann er Dion, einen damals noch jungen Mann, zum Anhänger und Freunde. Der Freimut Platos dem Herrscher gegenüber brachte ihn in persönliche Gefahr und er mußte an die Abreise denken. Daß ihn aber Dionysios, in der Absicht ihn töten oder in die Sklaverei verkaufen zu lassen, dem spartanischen Gesandten Pollis auslieferte, gehört zu den Geschichten, die man sich von dem Tyrannen zu erzählen liebte. Plato fiel auf der Heimfahrt äginetischen Seeräubern in die Hand und diese boten ihn in Ägina, das eben mit Athen in erbittertem Kriege lag, zum Sklaven aus. Annikeris von Kyrenä kaufte ihn frei, weigerte sich aber, das Lösegeld zurückzunehmen und Plato verwandte die Summe zum Ankauf eines kleinen Gartengrundstückes in unmittelbarer Nähe des von Kymon geschaffenen und dem Heros Akademos geweihten Parkes. Im Gymnasium dieses Parkes eröffnete Plato seine Schule. — Unsere höchsten wissenschaftlichen Institute tragen von der Akademie ihren Namen, nachdem dieser in Florenz unter Cosimo von Medici zum ersten Male wieder erneuert worden war.

Wie Plato lehrte, läfst sich aus seinen Dialogen erkennen. Diese geschriebenen Gespräche sind zur Erinnerung an gesprochene Reden aufgezeichnet und gleichsam ein Schattenbild des lebendigen und beseelten Wortes.

Eigentlich ist die Philosophie, wie Plato sie erfafste, nicht lehrbar, sie ist Seelenführung, Psychagogic und weit näher der Kunst verwandt als einer reinen Wissenschaft. Man mufs sie in sich erschaffen. Wohl bedarf es für sie eines vorbereiteten, namentlich durch mathematische Studien gebildeten Geistes, — „wer nicht Geometrie getrieben, darf hier nicht eintreten", stand über der Tür zu Platos Hörsaal zu lesen. Aber gerade die Hauptsache läfst sich nicht wie ein gewöhnlicher Wissenssatz in Worte fassen, vielmehr „nach langer Beschäftigung mit ihr und Sichhineinleben in sie erzeugt sie sich in der Seele wie ein durch einen abspringenden Funken plötzlich entzündetes Licht und nährt sich durch sich selbst". Es wäre auch den Menschen nicht erspriefslich, sie auszusprechen, da dies bei vielen nur den Dünkel erwecken würde, als hätten sie schon wer weifs was für erhabene Weisheit begriffen. Darum erschien Plato, was er selbst aufzeichnete, nicht als des gröfsten Ernstes würdig, wenn er auch zugibt, dafs es dem schönsten Teil seines Besitzes angehöre. Wir werden vielleicht anders urteilen. Kennen wir auch Höheres als eine litterarische Schöpfung, sie sei noch so gewaltig: das lebendige Wirken von Person auf Person, so zählen wir doch Platos Schriften zu dem Höchsten, was je aus einer menschlichen Feder geflossen. Ein Wort über die Gröfse des Schriftstellers Plato ist daher wohl am Platze.

Der Seher des Geistigen, der Schöpfer der Philosophie des Unsichtbaren ist zugleich ein vollendeter Künstler des Sichtbaren, ein Liebhaber der Farben, Formen und Töne, ausgestattet mit einer dominierenden Phantasie. Einen Dichter hat er sich selbst genannt, einen Kunstgenossen und Mitkämpfer bei Hervorbringung des schönsten Dramas. Und dafs er ein ganz grofser Dichter ist, beweist seine Fähigkeit, Mythen zu schaffen. Keine Form dichterischen Ausdrucks ist ihm fremd, jede Weise, durch die Sprache zu gestalten, wird von ihm beherrscht. Er hat sich an den besten Mustern gebildet: an Homer, den Tragikern, Aristophanes; von den Mimen des Sophron, Szenen aus dem sizilianischen Alltagsleben, konnte er sich kaum trennen, er führte das Buch beständig mit sich und nachts lag es unter seinem Kopfkissen. So ist beinahe jedes seiner Gespräche zu einem kleinen Drama geworden, kunstvoll im Aufbau, von ungesuchter Symmetrie und individuell schon durch die wechselnde szenische Umrahmung. Als Beispiel vergegenwärtigen wir uns die Exposition im Protagoras. Mit dem frühesten Morgen pocht Hippokrates, des Apolodoros Sohn, den Sokrates heraus: Protagoras ist in der Stadt! Dies ist nichts neues, er ist schon seit vorgestern hier, entgegnet Sokrates und folgt dem eifrigen Jüngling, nicht ohne ihn erst noch durch Reden aufzuhalten. Sie treten ein und finden den grofsen Mann herumwandelnd in dem bedeckten Gange des Hauses. „Und da war es belustigend zu sehen, mit welcher Sorgfalt der Schwarm bemüht war, dem Sophisten den Vortritt zu lassen, und wie geschickt sich die Hörer nach beiden Seiten teilten und im Kreise herumschwenkten, um ja fein und artig immer hinten zu bleiben." Feierlicher, wie es dem Gegenstande ziemte, wird der „Staat" eröffnet. Sokrates geht in den

Piräus hinab, das Fest zu sehen, das zum ersten Male auf eine neue Weise begangen wird. Gegen Abend soll zu Ehren der Göttin ein Fackelzug zu Pferde stattfinden; im Wettstreit werden die Reitenden einander die Fackeln zureichen und die ganze Nacht wird es festliche Beleuchtung geben. Jene mitternächtliche Stunde ist längst entschwunden, in Platos Worten aber sendet sie ihren Feuerschein durch die Jahrhunderte. — Wer könnte ferner die würfelspielenden Knaben im Lysis vergessen, oder die köstliche Szene im Charmides: wie die Alten, voll Begier, dem schönen Knaben Platz zu machen, ihre Nebenmänner stofsen und die zu äufserst Sitzenden von der Bank herabdrängen, wie Charmides selbst, von Sokrates angeredet, schamhaft errötet. Ohne Vergleich aber, selbst bei Plato, ist die Szenerie des Phädros. Wider seine Gewohnheit läfst sich Sokrates aus der Stadt ins Freie locken; Phädros hatte das Mittel gefunden, ihn aus den Mauern zu holen: unter dem Mantel halb verborgen hält er mit der Linken eine Rede des Lysias. Mit der Rolle da vor den Augen, meint Sokrates, liefse er sich durch ganz Attika führen, wie man ein hungriges Tier locke durch einen Zweig oder eine Frucht. Wir folgen ihm und Phädros auf ihrem Wege, den Ilissos entlang; durch den Bach watend suchen sie einen schattigen Ruheplatz unter einer Platane auf. Sieh nur! wie hoch die Platane emporschiefst und wie weit sie ihre Äste verbreitet; es ist ein den Nymphen geheiligter Ort, klar fliefst der Bach unter der Platane und so kühl; die Luft ist zärtlich und weich und ganz durchschallt vom zirpenden Sommerchor der Zikaden. Fein deutet der Dichter an, dafs diese starke Naturempfindung seine eigene Empfindung ist, nicht die des Sokrates, wie auch die Reden, die sich nun entwickeln, nicht diesem gehören. Ein fremder Geist

ist über dich gekommen, läfst er Phädros von Sokrates sagen; Sokrates redet wie ein Dichter, er redet in Dithyramben.

Platos Kunst zu schildern ist von der gleichen Gröfse, wie seine Kunst zu erzählen. Was kein Auge gesehen, vermag er vor unsere Einbildung zu stellen: so das irdische Paradies im Phädon, oder das Gericht der Seelen im Staat und die Schilderung der Peinen der Verdammten: man könnte versucht sein, die hier waltende, bildende Kraft mit einem Anachronismus dantesk zu nennen. — Und wer erzählte besser als er! Wie weifs er gleich eine Geschichte zu erfinden: von den Menschen, welche in das Geschlecht der Zikaden, der lieben kleinen Tiere, verwandelt wurden, weil sie über dem Gesang der Musen Speise und Trank vergafsen, — und davon hätten auch die Zikaden die Gabe empfangen, „gleich zu singen und nichts als zu singen, zu singen bis sie sterben". Oder, er gibt einer alten Geschichte durch die Art seiner Erzählung neuen Glanz, so der Geschichte von Gyges und seinem Ring im Staate: sie gleitet dahin leicht wie der Ring an den Finger gleitet, bemerkt feinsinnig ein Schriftsteller über Plato. Und dazu die prächtige Nutzanwendung: wie viele, welche gerecht zu sein scheinen, würden wohl gerecht bleiben mit einem solchen Ring im Besitze.

Was Plato ergreift, wird ihm unter den Händen zu einer Art persönlichen Wesens: Staatsverfassungen und selbst Begriffe von den Dingen. Das athenische Volk ist der grofse Sophist, die schlechten Verfassungen verkörpern sich zu dem oligarchischen, dem demokratischen, dem tyrannischen Manne, psychologischen Charakterbildern von ganz individueller Prägung. Vor allem aber die Personen seiner Dialoge sind von der überzeugendsten Lebenswahrheit: der

greise Kephalos im Staate mit der im Leben gereiften
Besonnenheit, der jugendschöne Charmides mit der angeborenen Scham und Bescheidenheit, — und erst der
gröſste aller: Sokrates selbst! Wenn wir mit Sokrates
wie einem Lebenden Umgang pflegen können, und so
das Beste von seiner Wirksamkeit, der Einfluſs seiner
Persönlichkeit, erhalten blieb, so verdanken wir dies einzig
und allein der hohen Kunst Platos. — Schlieſslich, selbst
seine Philosophie wuſste Plato in eine Parabel zu fassen.
Wir folgen seinem Beispiel und nehmen durch ihre Wiedergabe den Zugang zu seiner Lehre.

In einer unterirdischen Höhle wohnen Menschen, die,
von Kindheit an gefesselt an Hals und Beinen, nur nach
vorne hin sehen, aber weder den Kopf herumdrehen, noch
sich vom Flecke rühren können. Oben und hinter ihnen
brennt ein Feuer und gibt der Höhle ihr Licht. Zwischen
dem Feuer und den Gefesselten ist eine Mauer gezogen,
gleich der Schranke, über welche die Gaukler ihre Kunst-
stücke zeigen. Längs der Mauer und von ihr gedeckt
halten Vorübergehende allerlei Gegenstände empor, Nach-
ahmungen von Dingen in Stein und Holz. Die Gefangenen
sehen die Schattenbilder an der Wand, und über die Schatten
zu streiten und ihr Kommen und Verschwinden voraus-
zusagen — dies halten sie für Wissenschaft. Nun habe
sich einer, getrieben durch die Kraft seines Geistes, seiner
Fesseln entledigt, und indem er, sich umwendend, das Feuer
erblickt und die Dinge auf der Mauer, wird er glauben,
schon zur wahren Erkenntnis gelangt zu sein, bis er den
engen, beschwerlichen Aufstieg entdeckt und plötzlich an
das volle Licht des Tages tritt. Geblendet von der Fülle
des Glanzes vermag er im Anfang nichts zu unterscheiden,
dann aber schaut er voll Staunen und Bewunderung zum

ersten Male die wahre Sonne und alle die Urbilder jener
Dinge in der Höhle. Muſs er dann wieder zur Höhle
hinab, aus so seligen, göttlichen Anschauungen ins menschliche Elend, so kann er sich nicht mehr an das Dunkel
gewöhnen, auch gibt er es auf, über Schatten zu streiten;
den andern aber, welche unten geblieben sind, erscheint
sein Geist verwirrt und sein Gesicht verdorben. Es ist
das Los des Philosophen auf der Erde. — Es ist der
Gegensatz zwischen der wahren und der scheinbaren Welt,
den dies Gleichnis von der Höhle versinnlicht und die
Unterscheidung der Arten des Wissens und seiner Gegenstände, die darin symbolischen Ausdruck findet. Was wir
in der Einbildung vorstellen, ist nur ein Schatten, was wir
mit den Sinnen wahrnehmen, nur ein Bild des wahren Seins;
dieses selbst zeigt sich nur dem Auge des Geistes und nur
durch die Vernunft ist es zu erfassen.

„Alles Vergängliche ist nur ein Gleichnis", — dies
Motto kann man Platos Ideenlehre voransetzen.

Der ganze Ertrag der vorsokratischen Philosophie geht
mit dieser Lehre in die sokratische über; diese erfährt dadurch eine Erweiterung und zugleich eine Steigerung, die
zwar in ihrer Richtung sich bewegt, aber doch über sie
hinausführt. Plato ist nicht bloſs der groſse schöpferische
Geist, — der letzte in der hellenischen Philosophie (denn
Aristoteles war Gelehrter und Forscher); er ist auch der
groſse Lernende. Heraklits Lehre vom beständigen Fluſs
der Dinge, der Satz des Parmenides und der Eleaten von
dem einen und wahren Sein als dem Gegenstande des reinen
Denkens, die mathematische Philosophie der Pythagoreer,
die begriffliche des Sokrates: alle diese verschiedenen und
zum Teil einander entgegenstrebenden Richtungen finden
sich in Platos Lehre vereint, verbinden sich in ihr zu einem

neuen Ganzen. Dazu noch die orphische Theologie mit dem Glauben an die Unsterblichkeit der Seele im Mittelpunkte. „Man muſs an die alten und heiligen Überlieferungen glauben, welche die Unsterblichkeit der Seele verkünden und dafs Richter ihrer harren." Es ist schwer zu sagen, was in der Entwicklung der platonischen Philosophie das frühere war: dieser Glaube oder die Annahme übersinnlicher, rein geistiger Wesenheiten und Werte, die Annahme von Ideen. Im Gorgias fehlt noch die Ideenlehre, während der Unsterblichkeitsglaube bereits feststeht. Zweierlei aber ist sicher. Mit diesem Glauben entfernte sich Plato am weitesten von Sokrates, welcher sich darüber, wir wissen es gerade aus Platos Apologie, nie anders als mit zweifelnder Zurückhaltung geäuſsert hat; die Entscheidung der Frage schien ihm für die Erkenntnis und Vollbringung des Guten nicht wesentlich zu sein, und so bewahrte er auch ihr gegenüber seine erhabene „Ironie": die Weisheit des Nichtwissens. Und zweitens: Plato legt viel gröſseres Gewicht auf diesen Glauben, er nimmt ihn weit wichtiger als selbst die Voraussetzung von Ideen. Wohl galt ihm lange Zeit diese Voraussetzung als die beste „Hypothese", die Aufgabe des Wissens zu lösen und den übrigen höchsten Bestrebungen des Geistes das Ziel zu bestimmen. Aber er kennt die Schwierigkeiten, die ihr entgegenstehen und hebt sie selbst hervor. Auch redet er von ihr weit weniger dogmatisch, als die Mehrzahl seiner Ausleger glaubt, und in der letzten Phase seiner Philosophie geschieht der Ideenlehre kaum noch Erwähnung. Die Überzeugung dagegen, dafs die Seele unsterblich, ja ewig sei, begleitet ihn unerschüttert durch sein ganzes Leben.

Platos Philosophie ist überhaupt kein lehrhaftes Gedankensystem, das irgendwann in seinem Geiste fest und unveränderlich geworden wäre; sie ist Ausfluſs eines inneren Lebens und wie alles Leben in Gestaltung und Umgestaltung begriffen. In ihr wirken geistige Tendenzen zusammen und schaffen sich ihren ersten und mächtigen Ausdruck, welche vielleicht in keiner Persönlichkeit zum zweiten Male wieder in gleicher Mischung und Stärke zusammengetroffen sind. Und da es Tendenzen der allgemein-menschlichen Natur sind und ihre Wurzeln unausrottbar in unserem Geiste haben, verstehen wir auch unter Platonismus kein bloſses System, noch die rein persönliche Denkart eines Philosophen, sondern eine typische Weise, die Dinge zu sehen und sich in ihr Wesen zu versenken, eine der möglichen und notwendigen Grundformen der Welt- und Lebensanschauung des Menschen. Die inneren Quellen des Platonismus sind unversiegbar, und durch sie sind auch wir noch Platoniker.

Der Eindruck eines Kunstwerkes wird am besten dem Verständnis genähert, wenn wir das Werk in Gedanken gleichsam auseinandernehmen und den Anteil jedes Elementes an der einheitlichen Wirkung des Ganzen bestimmen. Und so wollen auch wir, statt sogleich nach dem Wesen der Ideen zu fragen, vielmehr die Motive zeigen, welche einen Geist wie Plato zur Annahme von Ideen bringen muſsten. Diese Motive erscheinen uns zudem als das Wesentliche in der Philosophie der Ideen; sie erklären deren fortdauernde Wirkung.

Zunächst das Motiv des Wissens: die erkenntnistheoretische Begründung und Bedeutung der Ideen. Den Erkenntnisarten entsprechen die Erkenntnisgegenstände, und so gewiſs das begriffliche Wissen etwas anderes ist als das sinnliche Vorstellen, so gewiſs muſs auch der Gegenstand des Wissens verschieden sein von dem Gegenstand des

Vorstellens. Der Begriff bleibt, auch wenn die Erscheinungen, die nach ihm den Namen führen, zu Grunde gehen. So bliebe der Begriff der Menschheit, im Geiste etwa eines übermenschlichen Wesens, was er ist, sollte auch das Geschlecht der Menschen dereinst ausgestorben sein. Es gibt ursprüngliche Begriffe, urteilende Begriffe, die der Erkenntnis, nicht der Zeit, wohl aber der Ordnung nach, vorangehen, weil sie Erkenntnis überhaupt begründen. Wir urteilen z. B., zwei Dinge sind gleich, also haben wir die Dinge sowohl unterschieden als verglichen; also ist der Begriff der Gleichheit das ursprüngliche, vorauszusetzende Maſs der gleichen Dinge. Unser Wissen beruht allgemein auf Voraussetzungen, nach denen unsere tatsächlichen Erkenntnisse sich richten, und die wir als Maſsstab gebrauchen, um zu entscheiden, was in unserem Wissen wirklich Erkenntnis ist. Wenn ein namhafter Naturforscher des vorigen Jahrhunderts erklärte, das Naturerkennen sei kein vollständiges Erkennen, so muſste er für seine Behauptung den Begriff der Erkenntnis voraussetzen, er muſste a priori wissen, was Erkennen sein soll. Denn um zu erkennen, was wahrhaft ist, müssen wir wissen, was sein soll. Unser Lernen ist ein Suchen nach Etwas, das wir zugleich besitzen und nicht besitzen, kennen und nicht kennen; unser Lernen ist ein „Erinnern". Sehr wahr ist der Ausspruch Platos, bemerkt zustimmend Galilei, daſs unsere Erkenntnis nichts anderes sei als eine Art der Erinnerung an Sätze, deren Notwendigkeit wir einsehen und die durch sich selbst klar und gewiſs sind. Es ist das Wissen, das der Geist durch sich selbst hat. Platos Lehre von der „Anamnesis", von der „Erinnerung" ist der erste, metaphysische und noch halb mythische Ausdruck dessen, was wir heute Theorie der Begriffe a priori nennen. „Es muſs der Mensch

um das Allgemeine wissen und vernünftig aus vielen Wahr-
nehmungen das Eine darunter zu sammeln verstehen, —
das ist seine Erinnerung an jene hohen Dinge, welche
die Seele schaute, da sie mit dem Gotte zog und den Blick
zum wahren Sein erhob."

Platos ganze Wissenschaftslehre ist von diesem Gedanken, dieser Entdeckung des Ursprünglichen oder A prio-
rischen in unserer Erkenntnis beherrscht; nur verwandeln
sich für seine anschauende Vernunft (denn Erkennen ist
Schauen) methodische Begriffe in geistige Wesenheiten: es
sind die „Ideen" auf dem Gebiete des Wissens. Um ihn
hierin ganz zu verstehen, dürfen wir seine Entdeckerfreude
an logischen Formen und Erfindungen nicht übersehen.
Wie „von den Göttern an die Menschen herabgesandt durch
irgend einen Prometheus" erscheint ihm der Satz: aus Einem
und Vielem sei alles, wovon jemals gesagt wird, dafs es
ist; deshalb müssen wir, da dieses so geordnet ist, immer
Eine Idee von allem jedesmal annehmen und suchen, dann
finden wir sie gewifs in ihm. — Die Begriffe von den
Formen des Denkens sind für Plato nicht ein Erzeugnis
der Vernunft, sie sind die Ursache der Vernunft. Nicht
sie stammen aus unserer Vernunft, die Vernunft stammt
von ihnen ab; wir haben Vernunft, weil sie an sich existieren
und unser Geist sie zu schauen vermag. Sie sind auch
nicht nur Grund und Gehalt aller Wahrheit und Einsicht;
sie sind an und für sich selbst einsichtig, haben Bewegung,
Leben, seelische Kraft, Vernunft. Hier redet der Dichter,
der sich an der Erkenntnis und ihrem hohen Gut, der
Wahrheit, begeistert und abstrakten Formen sein Leben
und seine Liebe einflöfst, wenn anders eine berühmte Stelle
im „Sophistes" wirklich auf die Ideen zu beziehen ist und
nicht vielmehr auf das All der Dinge. Und dennoch wieder:

Plato versteht auch die Sprache der exakten Wissenschaft
zu reden. Er ist sogar der Erfinder ihrer Methode: der
analytischen Methode, die in der experimentellen Galileis
als wesentlicher Bestandteil enthalten ist.

Aufser dem Streben nach absolutem Wissen führt zu
den Ideen das Verlangen nach sittlicher Vollkommenheit,
und der Trieb zur Schönheit in ihrer Vollendung. Überall
ist dabei das Ziel die Idee, ein Ganzes, Höchstes und darum
Unveränderliches. Von diesen Motiven zur Ideenlehre ist
das ethische das ursprüngliche und wohl auch angemessenste.
Es ging von dem Forschen des Sokrates nach dem Wissen
des Guten aus und wurde von da aus durch Plato auf alle
Gebiete des Erkennens übertragen. Alle Erkenntnisbegriffe
waren damit zu Wertbegriffen umgewandelt, was nicht
ohne einige Gewalttätigkeit abgehen konnte.

Allem Handeln geht ein Bild der Handlung voran,
ohne dieses wäre es kein Handeln, und von dem Werte
dieses Bildes hängt der Wert unseres Handelns ab. Das
sittliche Handeln ist darum das an sich wertvolle Handeln,
weil es sich nach einem Vorbilde richtet, über welches
hinaus kein höheres mehr zu denken ist, nach dem Vorbild
des Guten an sich, des absolut Guten. So richten sich die
Rechte und Gesetze, — oder sie sollen sich doch richten —,
nach dem Begriffe oder der Idee des absolut Gerechten,
des „richtigen Rechtes“, wie es ein Rechtsphilosoph mit
zutreffendem Namen genannt hat. Die Satzungen des posi-
tiven Rechtes sind in geschichtlicher Entwicklung begriffen
und nach Zeiten und Völkern verschieden, das Ziel aber,
nach welchem sie gleichsam aussehen und an dessen Er-
reichung sie insgesamt arbeiten, kann nur Eines und dasselbe sein; denn es gibt in jedem einzelnen Falle nur Ein
richtiges Recht, möge dies auch noch so schwierig auf-

zufinden und noch schwieriger durchzusetzen sein. Hierin also denken wir alle platonisch. Sittliche Wertbegriffe stellen uns stets, mathematisch zu reden, eine Maximumaufgabe, wir gestalten uns notwendig die Musterbilder und Normen der höchsten Besonnenheit, der wahren Tapferkeit, der absoluten Gerechtigkeit, der vollendeten Herrschaft oder Autonomie der Vernunft, d. i. der Weisheit. Das heißt abermals: als Ethiker sind wir alle Platos Schüler und Anhänger.

Allein, nicht der Begriff des Guten, obschon er der höchste und regierende Begriff in der Welt der geistigen Wesenheiten und Werte ist, der Begriff des Schönen bildet bei Plato selbst das Hauptbeispiel zur Erläuterung der Ideenlehre. In der Darstellung der Lehre wenigstens gewinnt dadurch das ästhetische Motiv das Übergewicht über das erkenntnistheoretische und auch selbst über das ethische. Der Philosoph, der Liebhaber der Weisheit, ist vor allem auch der Liebhaber der Schönheit; man kann dies griechisch mit Einem Worte sagen: er ist der „Philokalos". Wie er begierig ist nach allem Wißbaren, so entzündet in seinem Geiste alles Schöne einen Seelenbrand, und von allen Liebhabern ist er der wahre „Erast", der rechte Verliebte und vom „Eros" Entflammte. Der Weg, auf dem ihn die Wissenschaft emporleitet, und der Weg, auf dem sein Liebesdrang ihn emportreibt, sind gleichlaufend; ja die Dialektik, so heißt der Weg des Wissens, erscheint bei Plato fast nur wie eine philosophische Rechtfertigung, Zurechtlegung der mächtigen Erotik in seiner Seele. Leitet den Denker die Stufenordnung der Begriffe zu immer höheren, umfassenderen Einheiten empor, bis er sich, alle Voraussetzungen hinter sich lassend, von der letzten Stufe aus zur Anschauung des an sich Wahren aufschwingt; so treibt den philosophisch Liebenden die erotische Begeisterung von der Liebe zu einem schönen Wesen zur Liebe aller und von da aus weiter durch die schönen Berufe zu den schönen Wissenschaften und er ruht nicht, ehe es, die Stufen alles Wissens überschreitend, zum Anblick der an sich Schönen vorgedrungen ist. „Und in diesem Augenblick, angesichts der absoluten Schönheit, ist, wenn irgendwann, das Leben lebenswert!" Auf ihrer Himmelfahrt zu den Ideen (im Phädros), die nicht ganz nur als Symbol aufzufassen ist, schaut die Seele die Besonnenheit an sich, die Wissenschaft an sich, nicht jene, welche wechselt und mit dem, was wir in der Zeit wirklich nennen, spielt, sondern die Wissenschaft von dem, was wahrhaft und ewig da ist; sie schaut das absolut Gerechte, Gute, alles, dem das Siegel aufgedrückt ist: „das, was wahrhaft wirklich ist". Die Schönheit aber in ihrem wahren Wesen überstrahlte dort alle die anderen ewigen, liebenswerten Gestalten; denn ihr allein ist das Los zu teil geworden, ein klares Abbild ihrer selbst uns zu gönnen und das leuchtendste und liebenswerteste von allem zu sein. Diese Schönheit, die wahre Schönheit ist ewig; sie hat keinen Anfang und kein Ende, sie wächst nicht und sie welkt nicht, sie ist nicht hierin schön und darin unschön, nicht jetzt oder einmal schön, sie wird nicht mit den Augen gesehen, noch läfst sie sich mit den Händen berühren, sie ist nicht im Körper zu finden und auch kein blofses Spiel der Gedanken. Sie ist die Einheit in ihr selber, ewig bewahrt sie in sich ihre eigene Gestalt und während die schönen Dinge werden und vergehen, mehrt sich die Schönheit an sich nicht, noch vermindert sie sich; sie ist aller Veränderung entnommen, rein und mangellos, einfach und frei von allem Tand: die schlichte, göttliche Schönheit. — Keiner hat so erhabene

Worte besser gehört, als der gröfste Künstler der Renaissance. Michel Angelo drängt von der äufseren Schönheit, die den Sinnen gefällt (dem „bel del fnor, ch' agli occhi piace"), zur Erfassung der unsichtbaren Schönheit hinüber, der universellen Form (forma universale), von der, wie er sagt, die Platoniker philosophieren. Auch poetisch hat der Meister seiner platonischen Stimmung Ausdruck gegeben:

> „Als tieues Voibild für mein ganzes Stieben
> Schien von Gebuit an mir der Stein des Schönen,
> Malend und meifselnd bin ich ihm eigeben
> Und ich verschmäh' es, anderm je zu fröhnen.
> Duich ihn nui wird dem Blick die höh're Welt,
> Die Ziel all meines Schaffens ist, eihellt. —
> Weh jedem, der veimessen und veiblendet
> Die Schönheit niedei zu den Sinnen reifst!
> Zum Himmel tiägt sie den gesunden Geist.'

Die ideale Welt Platos, die Welt der Ideen, ist nicht ein einziges, alles aufzehrendes Sein. Sie gleicht einer Welt von Gestirnen; das reine Sein der Eleaten hat sich in lauter Sonnen zerteilt, aus dem einförmigen Eins ist ein reich gegliederter Kosmos geworden, mit dem Guten als der Zentralsonne.

So hat Platos Lehre von den Ideen ihre starken Wurzeln in wesentlichen Richtungen unseres Geistes. Dort, wo diese Richtungen zusammentreffen, gleichsam in ihrem Schnittpunkte, in dem vollendet gedachten geistigen Leben, treffen wir auf ihren gemeinschaftlichen Ausdruck: die „Idee". Darum auch hat jede Idee eine Seite nach der Wissenschaft hin, sie trägt alle die Merkmale oder Eigenschaften der Begriffe, ist rein gedanklich wie diese und die Einheit des Vielen, das Allgemeine, zugleich aber ist sie das Vorbild der mit ihrem Namen bezeichneten sinnlichen Dinge, das Muster, dem sich diese nähern, ohne es je völlig zu

erreichen; alle Ideen stehen endlich unter der Herrschaft des
Guten. Das Sein und das Erkennen sind um des Guten
willen, durch das Gute und zum Guten. Aber Plato bleibt
auch in der Schöpfung der Ideenwelt Künstler. Was wir
als Tendenzen auffassen, als die höchsten und edelsten
Triebe, woraus unser geistiges Sein und Leben entspringt,
— seinem plastischen Sinne wird dies alles zu fast persönlichen Gestalten, mit Wirksamkeit, Leben, Vernunft
ausgestattet, und in der beseligenden Anschauung so über-
schwänglicher Dinge ruht sein Geist. Was uns als ins
Unendliche weisende Aufgaben unserer Fortentwicklung
erscheint, für Plato ist es unendliche Erfüllung, an sich
gegebenes Erfülltsein. Sein zuversichtlicher Glaube, irgend-
wo, in einem Reiche jenseits von Zeit und Sinnen, müsse
das Göttliche s e i n, irgendwann im Ewigen das rastlose
Streben Ruhe finden und Seligkeit, ist das leitende Motiv
bei seiner Schöpfung der Ideen.

Daſs Plato in der Naturphilosophie die Natur zu sehr
„mathematisiert" habe, wie ihm ein antiker Kritiker vor-
warf, erscheint uns als das Gegenteil eines Tadels; be-
fremdlich berührt uns vielmehr, dafs er sie „ethisiert" hat.
Plato kennt aufser der mathematischen nur eine teleo-
logische Naturerkenntnis, keine empirische. Die Welt ist
nach ihm die vollkommenste, beste, schönste und als das
Produkt der göttlichen Vernunft und Güte die einzige, wie
er polemisch gegen Demokrits unzählige und „zufällige"
Welten bemerkt. Sie ist ein beseeltes und vernunftbegabtes Wesen, ein einziger ungeheurer Organismus, ein
„seliger Gott" — eine Auffassung, die sich gleichfalls der
Renaissance tief eingeprägt hat und bei G. Bruno wieder
erscheint. Platos Grundsatz dagegen, dafs die Erscheinungen

in der Natur nur insofern Unveränderlichkeit an sich tragen, als sie durch mathematische Gesetze bestimmt sind, ist auch der Grundsatz Galileis und der von ihm geschaffenen exakten Naturwissenschaft.

Platos Idealstaat, die Kallipolis (der Musterstaat), seine „civitas dei" auf Erden, neben den „Gesetzen" die höchste Bekundung seiner ethisch-politischen Reformgedanken, ist ihm keine Utopie, sondern ein ernst gemeinter Entwurf, der ausführbar sein will und ausgeführt werden soll. Kein Zug darin, der nicht schon in der einen oder anderen griechischen Staatsverfassung, einer oder der anderen Polis, verwirklicht gewesen wäre, jeder aber gesteigert und organisch mit allen übrigen verbunden. Das Ganze erwächst aus der Verbindung jonischer Beweglichkeit und dorischen Maßes mit starkem Übergewicht jedoch des dorischen Elements; und viel von dem Geiste, der sich in dem reinsten aller Stile, und das ist der dorische, seine Form geschaffen, lebt auch im Staatsbau Platos.

Der Staat ist der Mensch im Großen, seine Einrichtung läßt sich daher a priori aus der Natur des individuellen Menschen festsetzen. Wie die Seele des Einzelnen ein Gesellschaftsbau dreier Seelen ist: der begehrenden, der tateifrigen oder des Willens und der vernünftigen als der Regiererin der beiden ersten, so ist auch der große Mensch, der Staat ein aus drei Ständen gegliedertes Ganzes. Die drei Stände, die ihn zusammensetzen, sind nicht künstliche, sondern naturwüchsige Gruppen, — Berufsarten, nicht Kasten. Je nachdem in dem angeborenen Charakter des einzelnen Gliedes des Gemeinwesens, der eine oder der andere Seelenteil, die eine oder die andere Seele, das relative Übergewicht hat, gehört dieses Glied von Natur aus dem sozialen Berufe

an, der diesem Teile entspricht. Zu unterst, die Basis
bildend, ist der gewerbetreibende und ackerbauende Stand:
der Nährstand; er hat die wirtschaftlichen Güter zu pro-
duzieren, aber auch Handwerk und Kunstgewerbe fallen
ihm zu. Darüber erhebt sich die Klasse der „Wächter", sie
schützen den Staat nach außen und gegen innen und sind
„Gehilfen" der Herrscher: sie bilden die Exekutive, den
ausführenden Willen des Staates; beherrscht wird das Ganze
durch die Philosophen-Regenten, die „reine Vernunft" im
Staate. So waltet durch den Entwurf Platos im ganzen
wie im einzelnen das Gesetz der Arbeitsteilung: „jeder
tue das seine!" Zusammengewachsen und beseelt aber ist
dieser Staat durch den Geist der Philadelphie, der Brüder-
lichkeit. Man meine nicht, die gewerbetreibende Klasse
solle von dieser Verbrüderung ausgeschlossen sein und bis
auf das Gehorchen sich selbst überlassen bleiben. Auch
das einzelne Glied dieses Standes ist ein vernunftbegabtes
Wesen, wenn auch seine Vernunft nicht mächtig genug ist,
um es zur Teilnahme an der Leitung des Ganzen zu be-
fähigen. Es wird also mit innerer Zustimmung gehorchen
können und das Geschäft, das ihm zukommt, so tüchtig
oder tugendhaft wie möglich besorgen. Und zu den Geschäften
dieses Standes gehört auch das Werk der bildenden Künste!
Am überraschendsten und gegen unsere gewohnten Anschauungen am stärksten verstoßend wird uns die Lebensweise erscheinen, die Plato für die beiden oberen Stände
fordert, die Gütergemeinschaft, die gemeinsamen Wohnungen
und Speisungen, die Gleichstellung der Männer und Frauen
in ihrem Berufe. Um die „Wächter" zu vollkommener
Eintracht des Lebens zu bewegen und jeden Anlaß zum
Streite zu beseitigen, hebt Plato das Privateigentum und
dessen Voraussetzung, die Familie, auf. Man hat sich die

Lebensweise der oberen Stände im platonischen Staate am ähnlichsten noch derjenigen der geistlichen Ritterorden des Mittelalters zu denken; nur das Gelübde der Ehelosigkeit fällt im Interesse des Staates weg. Mit dem Kommunismus vom gewöhnlichen Schlage, der allgemeinen nnd gleichen Befriedigung der Begehrlichkeit, hat Platos Aufhebung des Privatbesitzes nichts zu tun; die Gegenstände des Gemeinbesitzes sind nicht aus Gold oder aus Silber, die Genußmittel von der einfachsten, wir könnten selbst sagen, ärmlichsten Art. Auch die Auflösung der Familienbande hat nichts mit der „freien Liebe" gemein; die Motive sind die entgegengesetzten, bei Plato eher asketisch, als eine Konzession an die Sinnlichkeit.

Das Hauptgewicht fällt jedoch nicht auf die Verfassungsfragen, sondern auf die große Frage der Erziehung und man kann Platos „Staat" ebensogut und vielleicht noch besser seinen Traktat der Erziehung nennen; einen so breiten Raum nimmt im „Staate" die Behandlung dieser Frage ein. Daß es dabei nicht ohne Gewaltsamkeiten abgeht, ist bei Plato begreiflich — alle Idealisten sind in ihren Entwürfen gewaltsam, wie auch jeder starke Glaube einseitig sein muß. Und so werden schon die Vermählungen durch den Staat, das heißt die Archonten geregelt, die hierüber, wie über alle anderen öffentlichen Dinge nach freiem Ermessen und ohne an Gesetze gebunden zu sein, entscheiden. Das Kind wird also schon vor der Geburt dem Staate überantwortet; nach der Geburt fällt diesem Aufzucht, Unterricht, Bestimmung des Berufes anheim. Wer an der Möglichkeit, so weitgehende Forderungen zu verwirklichen, zweifelt, oder Platos Glauben an ihre Ausführbarkeit schwärmerisch finden wollte, hat sich zu vergegenwärtigen, daß es sich dabei um eine griechische Polis handelt, um

ein durchsichtiges und nicht allzu schwer umzugestaltendes
Gemeinwesen von nicht viel über 50 000 Bürgern. Auch
erschienen den Griechen die Forderungen Platos so neu
und aufserordentlich nicht, wie sie uns heute erscheinen.
Kannten sie doch im dorischen Hauptstaat, in Sparta, ähn-
liche Einrichtungen, wie Plato sie vorschreibt, als zu Recht
bestehend: die gemeinsamen Mahle, das Leben im Lager,
das gemeinschaftliche Turnen der Knaben und Mädchen.
Auch die Familie war in Sparta dem Staate beinahe aus-
geliefert. Die jungen Männer durften ihre Frauen nur
heimlich besuchen, schwächliche Kinder wurden ausgesetzt
oder in den Stand der Heloten hinabgestofsen. Und alles
das geschah und bewährte sich auch im Interesse des Staates.
Plato brauchte also nur weiter zu gehen in der Richtung,
die er hier vorfand, und jene Einrichtungen seines Staates
waren gegeben. — Übrigens hat sich Plato, wenn er auch
den Glauben an sein Ideal festhielt, schon früh zu Zu-
geständnissen an die Wirklichkeit verstanden; schon bei
seiner ersten Reise nach Sizilien beabsichtigte er nur, die
gesetzlose Tyrannis des Dionysios in eine gesetzmäfsige,
wir würden sagen: konstitutionelle Monarchie zu verwandeln.

Aus der Stille des akademischen Lebens, mit seinen
philosophischen Gesprächen und einfachen Symposien, bei
denen der Geist herrschte, nicht der Koch oder der Keller-
meister, wurde Plato noch zweimal durch die sizilianischen
Angelegenheiten herausgerufen auf die Bühne der Welt.

Plato war über 60 Jahre alt, als 367 der Traum seines
Lebens in Erfüllung zu gehen schien. Dionysios II. war
seinem Vater, dem älteren Dionysios in der Herrschaft
gefolgt. Er berief auf den Rat seines Schwagers Dion
Plato zu sich nach Syrakus. Philosophie und Herrschaft,
die tiefe Einsicht und die grofse Macht, schienen in diesem

Augenblick eine Allianz schliefsen zu sollen. Plato mufste
dem Rufe folgen, sollte ihm nicht sein ganzes Wesen in
Worten zu bestehen scheinen, statt in Taten; und anfangs
liefs sich auch alles auf das beste an. Dionysios, der sich
nun Plato zum Schüler anbot, ein junger Mann (er war
noch nicht 30 Jahre alt), hatte einen leicht beweglichen,
dilettierenden Geist, aber keine Festigkeit des Charakters.
Plato ward ausgezeichnet empfangen. Dionysios unterwarf
sich sogleich seinem Unterrichte und begann Geometrie zu
treiben, welche Disziplin, wie man welfs, für Plato die
Propädeutik zu seiner Philosophie bildete. Der Hof tat es
dem Beispiel des Herrschers nach und eine Zeit lang wirbelte
die Luft in den Gärten des Palastes vom Staube, den die
figurenzeichnenden Höflinge erregten. Aber die Eifersucht
des Tyrannen auf Dion und sein Mifstrauen gegen Plato
änderten bald die Lage. Dion wird auf ein Fahrzeug
gebracht und entfernt, Plato noch zum Bleiben genötigt.
Als er jedoch sehen mufste, wie alle seine Bestrebungen
scheiterten, kehrte er heim, äufserlich noch in Freundschaft
mit Dionysios verbunden. Hätten sich damals Weisheit und
Herrschaft in einem und demselben Manne vereinigt, dann
würde dies der richtigen Ansicht vor allen Menschen Glanz
verliehen haben: diese hätten erkannt, dafs nimmerdar
weder ein Staat noch ein Einzelner glückselig werden
könne, wenn er nicht einsichtsvoll in Gerechtigkeit sein
Leben verbringe. Diesen Schaden, dafs es nicht geschah,
hat Dionysios angerichtet.

Noch einmal in seinem 67. Jahre liefs sich Plato zu
der für sein Alter beschwerlichen Reise nach Sizilien bewegen. Dionysios hatte ihn mit Versprechungen herbei-
gelockt, komme er jetzt, seinen Wünschen nachgebend,
nach Sizilien, so werde sich alles mit Dion so gestalten,

wie es Plato selbst wünsche, sonst nicht. Und so kehrte
Plato zurück „zur unheilvollen Charybdis". Wieder ohne
Erfolg. Dions Vermögen wurde eingezogen, Plato von der
Burg entfernt und in eine Art Haft genommen; er mußte
unter Söldnern wohnen, die sein Leben bedrohten, und wie
„ein Vogel im Käfig" blickte er nach außen. Erst eine
Staatsgesandtschaft durch Archytas erzwang seine Befreiung
und Rückkehr. — Es folgten die bekannten Ereignisse:
357 landete Dion mit nur 800 Söldnern in Sizilien, das
damals mächtigste Reich der hellenischen Welt umzustürzen;
Dionysios war auf einer Expedition nach Italien abwesend,
Dion zog ohne Kampf in Syrakus ein, und wird als gesetz-
licher Herrscher der Stadt anerkannt. Schon 353, nur vier
Jahre darauf, fällt er durch den Dolch des Kallipos; dieser,
ein ehrgeiziger Mann, wirft sich zum Tyrannen auf.
Dionysios kehrt 346, ein Jahr nach dem Tode Platos, nach
Syrakus zurück, um kurz darauf von Timoleon gestürzt zu
werden. In diesen Wirren ist die letzte griechische Grofs-
macht untergegangen.

Je älter Plato wurde, desto freier wurde sein Geist.
Wie von der hohen Warte der Weisheit herab überblickt
er die Dinge und die Menschen. Das Leben erscheint ihm
nun wie ein Spiel, das man nicht zu ernst zu nehmen habe,
der Mensch wie ein Spielzeug der Gottheit. Und das sei
noch das Beste an ihm, und diesem Verhältnis sich fügend,
müsse Jeder sein Leben dem schönsten Spielen widmen.
Lasse sich doch jedes lebende Wesen als eine Drahtpuppe
betrachten in der Hand der Götter, wir wissen nicht, ob
von ihnen zum Spielzeug oder zu einem ernsten Zweck
gebildet. Nur so viel begreifen wir, dafs die Gefühle wie
starke Sehnen oder Fäden uns ziehen, und dafs Jeder stets
dem einen Zuge folgend gegen die anderen Fäden an-

streben müsse. Der aber sei das goldene und heilige Leit-
zeug der Vernunft, welches man das gemeinsame Gesetz
des Staates nennt; und nun verstehe man auch, was es
eigentlich heißen wolle: Herr seiner selbst, oder von sich
selbst abhängig sein, dies nämlich bedeute, von nichts
anderem geleitet werden als jenem goldenen und feinen
Faden der Vernunft.

Aus Stimmungen wie diesen sind „die Gesetze" hervor-
gegangen, Platos zweite Hauptschrift. Wir werden dieses
Werk wesentlich höher einzuschätzen haben, als es üblich
ist. Künstlerisch steht es ohne Zweifel dem „Staate" nach,
an Lebensweisheit aber übertrifft es ihn; es ist reifer, die
Frucht eines langen, in tiefem Nachdenken verbrachten und
in Menschenkenntnis fortgeschrittenen Lebens, und verhält
sich in dieser Beziehung zum „Staat", wie der zweite Teil
des Faust zum ersten. Wir haben in ihm Platos ab-
schließendes Werk, sein Vermächtnis an die Nachwelt.
Die staatsrechtliche Bedeutung des Werkes soll nur berührt
werden. Zum ersten Male hier wird die Lehre von der
Teilung der öffentlichen Gewalten, der Hauptsatz alles
Verfassungsrechts, verkündet. Auch die Philosophie Platos
sendet daraus noch den letzten Schein, mild und groß wie
der Untergang der Sonne. Noch einmal und nachdrück-
licher als je zuvor wiederholt Plato die beiden Hauptsätze
seiner Lehre: die Ewigkeit der Seele und die mathematische
Gesetzlichkeit der Welt; es sind nach ihm die Fundamente
der Religion und der Sittlichkeit. „Nimmer kann einer
der sterblichen Menschen ein festes Gottvertrauen fassen,
welcher sich nicht die beiden Überzeugungen aneignet, daß
die Seele von allem des Entstehens Teilhaftigen das älteste
und unsterblich ist und daß die weise Einrichtung alles
Bestehenden in den Sternen sich kundgibt. Wer den Zu-

sammenhang dieser Gegenstände mit der musischen Kunst begriffen hat, wird in schönem Einklang damit die Anwendung auf sittliche Einrichtungen und Gesetzesbestimmungen machen." So tritt die Verfassung des Staates und die sittliche Ordnung der menschlichen Dinge in eine wahrhaft grofsartige Verbindung mit der Verfassung der Welt und der mathematischen Ordnung der Bewegungen der Himmelskörper.

Plato starb sanft bei einem Hochzeitsmahl, das er vielleicht selbst einer Grofsnichte ausgerichtet hat, und da er noch in seiner allerletzten Zeit an seinen Werken feilte, konnte Cicero von ihm sagen: „die Feder in der Hand sei er gestorben". Es ist der Hingang eines der würdevollsten, der erhabensten Menschen.

Ein Glanz ewiger Jugend liegt auf Platos Werk. Name und Sache des Idealismus haben ihre Quelle in seinen Schriften. Sie sind der erste und unübertroffene Ausdruck der Denk- und Gesinnungsweise, die wir unter dieser Bezeichnung verstehen.

Idealismus ist nicht, wie Platos Gegner Nietzsche meinte, Flucht aus der Wirklichkeit, Feigheit vor der Realität. Idealismus ist das Schaffen einer höheren, reineren, geistigeren Wirklichkeit, der beständige Kampf gegen alles Niedrige aufser und in uns; er ist der Aufschwung des Gemütes und aller seiner Kräfte nach dem Edlen, Hohen, Grofsen.

Wenn uns Plato oft christlich erscheint, so ist der Grund davon, weil er religiös empfindet. Auch ist vieles aus seinem Gedankenkreise durch die Vermittlung des Neuplatonismus in das Christentum eingegangen, zwar nicht in dessen Lehre, wohl aber in seine Philosophie. Der gröfste christliche Denker, Augustinus, ist erfüllt von neuplatonischem

Geiste. Aber auch die frömmsten Seelen des Mittelalters, Bonaventura zumal, sind wie durchweht und durchdrungen von eben diesem Geiste.

In der Philosophie geht ein direkter Weg von Plato zu Kant; was bei jenem zuerst, in halb mythischer Form erscheint, hat dieser zu strenger Wissenschaft umgeprägt.

Selbst mit der exakten Wissenschaft, wo man es am wenigsten erwarten sollte, steht Plato in geschichtlichem sowohl als sachlichem Zusammenhange; er steht ihr näher als selbst Aristoteles. Der junge Galilei in Pisa war eifriger Schüler Platos und Gegner des Aristoteles. Plato nannte er auch noch später neben Pythagoras seinen echten Meister. Er fügte zur Methode Platos das Experiment hinzu und auch die Aufgabe, die er der Wissenschaft stellte, die mathematischen Gesetze der Erscheinungen zu ermitteln, weicht von derjenigen, die ihr Plato gestellt hat und durch seine Ideen zu lösen versuchte, nicht allzuweit ab. Wie die Idee ist auch das Gesetz, oder die gleichbleibende Form des Geschehens, ein Zeitloses in der Zeit; auch mit dem Gesetze berühren wir das, was wahrhaft ist und nicht erst wird oder werden wird.

Zu den künftigen Gestaltungen des politisch-kirchlichen Lebens verhält sich Plato wie ein Prophet; am nächsten ist der Verwirklichung seines Staates die mittelalterliche Hierarchie gekommen, und die Idee eines geistigen, ja selbst geistlichen Regimes kehrt bei dem Positivisten Comte wieder.

Am besten aber haben ihn von je die Dichter und Künstler verstanden; keiner besser als unser grofser und weiser Dichter, selbst ein apollinischer Geist wie Plato. Und so sollen auch Goethes Worte voll Schönheit und treffender Charakteristik den Schlufs unserer Betrachtung bilden.

„Plato verhält sich zur Welt wie ein seliger Geist, dem es beliebt, einige Zeit auf ihr zu herbergen. Es ist ihm nicht sowohl darum zu tun, sie kennen zu lernen, weil er sie schon voraussetzt, als ihr dasjenige, was er mitbringt und was ihr so not tut, freundlich mitzuteilen. Er dringt in die Tiefen, mehr um sie mit seinem Wesen auszufüllen, als um sie zu erforschen. Er bewegt sich nach der Höhe, mit Sehnsucht, seines Ursprungs teilhaftig zu werden. Alles, was er äußert, bezieht sich auf ein ewig Ganzes, Gutes, Wahres, Schönes, dessen Förderung er in jedem Busen aufzuregen strebt." —

So wie Raphael in der Schule von Athen ihn im Bilde zeigte, mit der großen, nach oben weisenden Gebärde, lebt Plato im Gedächtnis der Menschheit. Nie wird der Gehalt seines Werkes zu erschöpfen sein; er ist heraufgeholt aus der Tiefe unseres Wesens und wirkt fortzeugend wie alles Lebendige.

Druck von Ehrhardt Karras, Halle a. S.

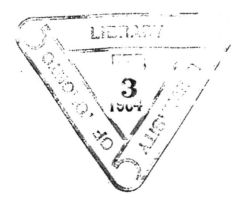

Bergmann, Hugo, Das philosophische Werk Bernard Bolzanos. Mi
Benutzung ungedruckter Quellen kritisch untersucht. Nebst einen
Anhange: Bolzanos Beiträge zur philosophischen Grundlegung
der Mathematik. 1909. 8. XIV, 230 S.   *M.* 7,—

— Untersuchungen zum Problem der Evidenz der inneren Wahr
nehmung. 1908. 8. VIII, 96 S.   *M.* 2,8(

Dubs, Arthur, Das Wesen des Begriffs und des Begreifens. Ein Bei
trag zur Orientierung in der wissenschaftlichen Weltanschauung
1911. gr. 8. VIII, 157 u. 207 S.   *M.* 10,—

Freytag, W., Ueber den Begriff der Philosophie. Eine kritisch
Untersuchung. 1904. 8. 47 S.   *M.* 1,—

— Die Entwicklung der griechischen Erkenntnistheorie bis Aristotele:
In ihren Grundzügen dargestellt. 1905. 8. IV, 126 S. *M.* 3,—

— Die Erkenntnis der Aussenwelt. Eine logisch-erkenntnistheoretisch
Untersuchung. 1904. 8. 146 S.   *M.* 4,—

— Der Realismus und das Transzendenzproblem. Versuch einer Grund
legung der Logik. 1902. 8. IV, 164 S.   *M.* 4,—

Goedeckemeyer, Albert, Die Gliederung der aristotelischen Philosophie
1912. 8. VI, 144 S.   *M.* 4,—

Kastil, Alfred, Studien zur neueren Erkenntnistheorie I. Descartes
1909. gr. 8. XV, 209 S.   *M.* 5,—

Losskij, Nikolaj, Die Grundlegung des Intuitivismus. Eine pro
pädeutische Erkenntnistheorie. Uebersetzt von Johann Strauch
1908. 8. IV, 350 S.   *M.* 8,—

Römer, Alfred, Gottscheds pädagogische Ideen. Ein Beitrag zu
Würdigung J. C. Gottscheds. 1912. 8. VII, 142 S. *M.* 4,5(

Schapp, Wilhelm, Beiträge zur Phänomenologie der Wahrnehmung
1910. 8. V, 157 S.   *M.* 4,—

Stoelzel, Ernst, Die Behandlung des Erkenntnisproblems bei Plato
Eine Analyse des Platonischen Theätet. 1908. 8. VIII
132 S.   *M.* 4,—

Wegener, Richard, Das Problem der Theodicee in der Philosophie und
Literatur des XVIII. Jahrhunderts mit besonderer Rücksicht auf
Kant und Schiller. Gekrönte Preisschrift der Walter Simon
Preisaufgabe der Kantgesellschaft. 1909. 8. XII, 223 S. *M.* 6,—

Druck von Ehrhardt Karras, Halle a. S.

UTL AT DOWNSVIEW

D RANGE BAY SHLF POS ITEM C
39 13 08 25 09 016 0